15 Février 1881.

TRÈS-BEAU

MOBILIER

MODERNE

MARBRES, BRONZES

Curiosités

RIDEAUX, TENTURES, TAPIS, ETC.

VENTE

AVENUE DE L'OPÉRA, N° 5

Les Mardi 15, Mercredi 16 et Jeudi 17 Février 1881

A DEUX HEURES

EXPOSITIONS

PARTICULIÈRE	PUBLIQUE
Le Samedi 12 Février 1881	Les Dimanche 13 et Lundi 14 Février

DE UNE HEURE A CINQ HEURES

Me ESCRIBE, COMMISSAIRE-PRISEUR

rue de Hanovre, 6

ASSISTÉ DE

M. A. BLOCHE, Expert pour les Objets d'art, rue Laffitte, 44.

PARIS — 1881

Vᵉ RENOU, MAULDE et COCK

IMPRIMEURS DE LA COMPAGNIE DES COMMISSAIRES-PRISEURS

Rue de Rivoli, 144

NOTICE SOMMAIRE

D'UN TRÈS BEAU

MOBILIER

MODERNE

Ameublement d'antichambre, Salons, Bibliothèque, Salle à manger
Salle de billard, Fumoir et Chambre à coucher

EN CHÊNE SCULPTÉ, BOIS DORÉ, BOIS NOIR, PALISSANDRE ET MARQUETERIE

BEAUX BRONZES D'ART ET D'AMEUBLEMENT

Curiosités

GROUPES, STATUES ET BUSTES EN MARBRE

Glaces, Émaux cloisonnés, Vases en marbre et onyx

MAGNIFIQUES RIDEAUX ET TENTURES

EN VELOURS, PELUCHE, SATIN, DAMAS DE SOIE, ETC.

Tapisseries anciennes, Tenture en applications de soieries, Tapis, Literie, Piano droit
Billard, etc., etc.

DONT LA VENTE AUX ENCHÈRES PUBLIQUES AURA LIEU

EN UN HOTEL

AVENUE DE L'OPERA, N° 5

Les Mardi 15, Mercredi 16 et Jeudi 17 Février 1881

A DEUX HEURES

Par le ministère de **Me ESCRIBE**, Commissaire-Priseur,
rue de Hanovre, 6,

Assisté, pour les Objets d'Art, de **M. A. BLOCHE**, Expert,
rue Laffitte, 44.

CHEZ LESQUELS SE DISTRIBUE CETTE NOTICE.

EXPOSITIONS

PARTICULIÈRE	PUBLIQUE
Le Samedi 12 Février 1881	Les Dimanche 13 et Lundi 14 Février

DE UNE HEURE A CINQ HEURES

PARIS — 1881

CONDITIONS DE LA VENTE

Elle sera faite au comptant.

Les Acquéreurs paieront, en sus des adjudications, CINQ CENTIMES PAR FRANC, applicables aux frais.

Aucune réclamation ne sera admise une fois l'adjudication prononcée.

DÉSIGNATION SOMMAIRE

ESCALIER ET VESTIBULE

Deux Bustes de Nubien et Nubienne en marbres polychromes et bronze, sur leurs gaînes.

Deux Lampadaires-Torchères en bronze.

Lampadaire à trois lampes à gaz en fer forgé.

Lustre à huit lumières à gaz en fer forgé.

Une Statue en marbre blanc (l'Émerillon), par A. Thabard.

Deux Groupes en marbre blanc (l'Aurore et le Crépuscule).

Deux grands Vases, sur gaînes en marbre et bronze.

Deux Socles-Torchères en bois doré, à figures de nègres.

Deux Figures de nègres en bois sculpté peint et doré, tenant des torchères en verre de Venise.

Une Banquette, deux Tabourets, deux Divans et deux petits Divans à double siége en velours rouge.

Une Table en bois noir.

Deux Escabeaux en chêne.

Tapis d'escalier en moquette.

ANTICHAMBRE

Un Lampadaire et deux Bras-Appliques en bronze.

Une Statuette en bronze, par Franceschi (le Réveil), sur sa gaîne en marbre.

Une Table d'antichambre et deux Porte-Chapeaux en chêne.

Un Fauteuil et quatre Chaises en chêne et cuir gaufré et doré.

Trois Rideaux de portières en étoffe lamée, avec applications de drap.

SALLE A MANGER

Grand Lampadaire en bronze.

Deux Lampes en émail cloisonné.

Deux Chenets à lions en bronze.

Deux Bustes en marbre blanc, sur gaînes en chêne.

Deux grands Buffets-Crédences en bois richement sculpté.

Un grand Buffet-Étagère en bois richement sculpté.

Une Table à manger en bois sculpté.

Douze Chaises en chêne et cuir gaufré.

Trois grands et quatre petits Panneaux de tenture en application de soieries, à sujets de paysages.

GALERIE

Quatre Statuettes en bronze (les Saisons), sur gaines en bois.

Quatre Jardinières en bois noir et faïence décorée.

Un grand Vase en onyx, orné de bronzes.

Deux Suspensions, avec oiseaux, en bronze et émail cloisonné.

SALLE DE BILLARD

Deux Chenets en bronze.

Un grand Bahut, à trois vantaux, en bois richement sculpté.

Une Table à dessus de marbre et une Table à jeu en chêne.

Un grand Billard en chêne et ses accessoires.

Un Appareil d'éclairage de billard, à deux lampes, en bronze.

Deux Bras-Appliques en bronze.

Deux Canapés et six Chaises en chêne et cuir vert.

FUMOIR

Deux Brûle-Parfums en bronze.

Un grand Tam-Tam ou Tambour chinois, avec sa monture en émail cloisonné.

Un Lampadaire formé de cornes de bœufs et de flèches.

Trois Divans et une Chaise recouverts en cuir de Russie.

Un Pouf en drap, avec application de cuir.

SALON-BIBLIOTHÈQUE

Deux Chenets en bronze.

Statuette en bronze (Baigneuse), d'après Lanzirotti.

Quatre Plaques d'appliques en faïence italienne, à figures de Neptune, Pluton, Jupiter et Pan.

Deux Vases en faïence italienne, à médaillons (Eurydice et Circé).

Petit Miroir, cadre sculpté et doré.

Buste de Minerve en terre cuite.

Deux Figures en bois sculpté et doré.

Porte-Cure-Dents en argent.

Cabinet chinois en bois sculpté.

Table en ébène et ivoire gravé.

Paravent à quatre volets en glaces et soierie.

Écran en laque.

Meuble à hauteur d'appui en marqueterie, à un vantail vitré.

Un Divan-Chaise-Longue recouvert en satin rose, avec dessus en soie crème.

Chaise en soie rose.

Deux Chaises en bois doré et soie bleue.

Un Tabouret en bois doré et soie.

Une Draperie en soie rose.

Garniture d'une croisée, composée de deux Rideaux en soie crème et de deux Rideaux en soie bleue.

Deux Portières en soie rose.

Draperie de glace en soie crème.

Quatre Panneaux de tenture en soie crème.

GRANDE CHAMBRE A COUCHER

Un Groupe, deux Lampes et une Galerie de cheminée en bronze argenté.

Grande Glace avec cadre en bois sculpté et doré, à rinceaux.

Deux petites Glaces, cadres dorés avec appliques.

Miroir en émail, Jardinières en faïence, Buste en bronze.

Lustre en bronze et cristaux.

Meuble à hauteur d'appui et Table de salon en marqueterie.

Toilette en mousseline et dentelle.

Très beau Lit en soie brodée, avec sa literie.

Couvre-Lit en satin brodé.

Draperie de lit en peluche bleue.

Chaise longue et Chaise recouverte en satin marron.

Deux Siéges en peluche bleue.

Deux Croisées composées chacune de deux Rideaux en damas fond bleu et deux Rideaux en satin marron foncé.

Tenture de la pièce en damas fond bleu.

Tapis en moquette.

SALLE DE BAIN

Pendule religieuse à colonnettes d'ivoire.

Deux Coqs en émail cloisonné.

Galerie en cuivre et deux Chenets.

Lampadaire en bronze émaillé, à feuillages.

Grande Toilette en bois peint et marbre blanc.

Deux Fauteuils couverts en velours, Rideaux, etc.

———

Meubles divers en marqueterie, palissandre et autres.

Belle Armoire normande en bois sculpté.

Buffet à deux corps vitré en bois sculpté.

Ves Renou, Maulde et Cock, impre de la Compagnie des Commissaires-Priseurs.
rue de Riveli, 144   6118

www.ingramcontent.com/pod-product-compliance
Lightning Source LLC
LaVergne TN
LVHW010924180726
843502LV00010B/4293